Remember!

Your Simple Solution to
Keeping & Organizing Passwords
(medium size edition)

Mental Block

Look within and find
the key to your mind
the let-me-in word
not hacked by a nerd
--VJ Schultz

REMEMBER

REMEMBER

Table of Contents

REMEMBER

Table of Contents

Hello:

If you have ever searched through bits of paper for a password you couldn't remember, you are the reason I've designed this book. You, and myself. I admit to seeking elusive passwords and related information hidden within my stacks. And how often have you—and I—had to request a new password?

Well, in hopes of never having to go through that stress inducing search again, I decided I needed a password keeper. This book is my solution. May it prove to be yours as well.   Sincerely, VJ Schultz

The purpose of this book is to:

1) help you become more organized;
2) provide you with greater peace of mind;
3) make it easier for you to have important information at your fingertips.

The beauty of this book is:

Hackers cannot hack a physical book as they can hack information on your computer.

The reality of this book is:

This book needs guarded. You do need to take precautions with this book because it contains your important information. Treat it as you would a valuable piece of jewelry by placing it in a safe location when you aren't using it, be aware of who is around when you have it out, and be wary of carrying the book outside of your home or office where it could become misplaced and/or be read by someone else.

About This Book

REMEMBER

I m p o r t a n t

This space is for items such as your Internet provider information, router number, your computer IP address and so on.

_____

_____

_____

_____

_____

_____

_____

_____

_____

_____

_____

_____

_____

_____

_____

_____

_____

_____

_____

_____

REMEMBER

Important

M o s t I m p t. E m a i l A d d r e s s e s

*Contact Name*_____
*Email Address*_____
Phone _____
*Note*_____

*Contact Name*_____
*Email Address*_____
Phone _____
*Note*_____

*Contact Name*_____
*Email Address*_____
Phone _____
*Note*_____

*Contact Name*_____
*Email Address*_____
Phone _____
*Note*_____

*Contact Name*_____
*Email Address*_____
Phone _____
*Note*_____

*Contact Name*_____
*Email Address*_____
Phone _____
*Note*_____

REMEMBER

Contact Name_____

*Email Address*_____

Phone _____

*Note*_____

Contact Name_____

*Email Address*_____

Phone _____

*Note*_____

Contact Name_____

*Email Address*_____

Phone _____

*Note*_____

Contact Name_____

*Email Address*_____

Phone _____

*Note*_____

Contact Name_____

*Email Address*_____

Phone _____

*Note*_____

Contact Name_____

*Email Address*_____

Phone _____

*Note*_____

Most Impt. Email Addresses

Password Section

REMEMBER

Name _____

Web Address _____

User Name/Login _____

Password _____

New Password _____

Newer Password _____

Newest Password _____

Notes _____

_____

Name _____

Web Address _____

User Name/Login _____

Password _____

New Password _____

Newer Password _____

Newest Password _____

Notes _____

_____

Name _____

Web Address _____

User Name/Login _____

Password _____

New Password _____

Newer Password _____

Newest Password _____

Notes _____

_____

A

Name _____

Web Address _____

User Name/Login _____

Password _____

New Password _____

Newer Password _____

Newest Password _____

Notes _____

_____

Name _____

Web Address _____

User Name/Login _____

Password _____

New Password _____

Newer Password _____

Newest Password _____

Notes _____

_____

Name _____

Web Address _____

User Name/Login _____

Password _____

New Password _____

Newer Password _____

Newest Password _____

Notes _____

_____

Name _____

Web Address _____

User Name/Login _____

Password _____

New Password _____

Newer Password _____

Newest Password _____

Notes _____

_____

Name _____

Web Address _____

User Name/Login _____

Password _____

New Password _____

Newer Password _____

Newest Password _____

Notes _____

_____

Name _____

Web Address _____

User Name/Login _____

Password _____

New Password _____

Newer Password _____

Newest Password _____

Notes _____

_____

A

Name _____

Web Address _____

User Name/Login _____

Password _____

New Password _____

Newer Password _____

Newest Password _____

Notes _____

_____

Name _____

Web Address _____

User Name/Login _____

Password _____

New Password _____

Newer Password _____

Newest Password _____

Notes _____

_____

Name _____

Web Address _____

User Name/Login _____

Password _____

New Password _____

Newer Password _____

Newest Password _____

Notes _____

_____

REMEMBER

Name _____

Web Address _____

User Name/Login _____

Password _____

New Password _____

Newer Password _____

Newest Password _____

Notes _____

_____

Name _____

Web Address _____

User Name/Login _____

Password _____

New Password _____

Newer Password _____

Newest Password _____

Notes _____

_____

Name _____

Web Address _____

User Name/Login _____

Password _____

New Password _____

Newer Password _____

Newest Password _____

Notes _____

_____

B

Name _____

Web Address _____

User Name/Login _____

Password _____

New Password _____

Newer Password _____

Newest Password _____

Notes _____

_____

Name _____

Web Address _____

User Name/Login _____

Password _____

New Password _____

Newer Password _____

Newest Password _____

Notes _____

_____

Name _____

Web Address _____

User Name/Login _____

Password _____

New Password _____

Newer Password _____

Newest Password _____

Notes _____

_____

Name _____

Web Address _____

User Name/Login _____   **B**

Password _____

New Password _____

Newer Password _____

Newest Password _____

Notes _____

_____

Name _____

Web Address _____

User Name/Login _____

Password _____

New Password _____

Newer Password _____

Newest Password _____

Notes _____

_____

Name _____

Web Address _____

User Name/Login _____

Password _____

New Password _____

Newer Password _____

Newest Password _____

Notes _____

_____

REMEMBER

B

Name _____

Web Address _____

User Name/Login _____

Password _____

New Password _____

Newer Password _____

Newest Password _____

Notes _____

_____

Name _____

Web Address _____

User Name/Login _____

Password _____

New Password _____

Newer Password _____

Newest Password _____

Notes _____

_____

Name _____

Web Address _____

User Name/Login _____

Password _____

New Password _____

Newer Password _____

Newest Password _____

Notes _____

_____

B

Name _____

Web Address _____

User Name/Login _____

Password _____

New Password _____

Newer Password _____

Newest Password _____

Notes _____

_____

Name _____

Web Address _____

User Name/Login _____

Password _____

New Password _____

Newer Password _____

Newest Password _____

Notes _____

_____

Name _____

Web Address _____

User Name/Login _____

Password _____

New Password _____

Newer Password _____

Newest Password _____

Notes _____

_____

B

Name _____

Web Address _____

User Name/Login _____

Password _____

New Password _____

Newer Password _____

Newest Password _____

Notes _____

_____

Name _____

Web Address _____

User Name/Login _____

Password _____

New Password _____

Newer Password _____

Newest Password _____

Notes _____

_____

Name _____

Web Address _____

User Name/Login _____

Password _____

New Password _____

Newer Password _____

Newest Password _____

Notes _____

_____

Name _____

Web Address _____

User Name/Login _____

Password _____

New Password _____

Newer Password _____

Newest Password _____

Notes _____

_____

C

Name _____

Web Address _____

User Name/Login _____

Password _____

New Password _____

Newer Password _____

Newest Password _____

Notes _____

_____

Name _____

Web Address _____

User Name/Login _____

Password _____

New Password _____

Newer Password _____

Newest Password _____

Notes _____

_____

C

Name _____

Web Address _____

User Name/Login _____

Password _____

New Password _____

Newer Password _____

Newest Password _____

Notes _____

_____

Name _____

Web Address _____

User Name/Login _____

Password _____

New Password _____

Newer Password _____

Newest Password _____

Notes _____

_____

Name _____

Web Address _____

User Name/Login _____

Password _____

New Password _____

Newer Password _____

Newest Password _____

Notes _____

_____

Name _____

Web Address _____

User Name/Login _____

Password _____

New Password _____

Newer Password _____

Newest Password _____

Notes _____

_____

Name _____

Web Address _____

User Name/Login _____

Password _____

New Password _____

Newer Password _____

Newest Password _____

Notes _____

_____

Name _____

Web Address _____

User Name/Login _____

Password _____

New Password _____

Newer Password _____

Newest Password _____

Notes _____

_____

C

C

Name _____

Web Address _____

User Name/Login _____

Password _____

New Password _____

Newer Password _____

Newest Password _____

Notes _____

_____

Name _____

Web Address _____

User Name/Login _____

Password _____

New Password _____

Newer Password _____

Newest Password _____

Notes _____

_____

Name _____

Web Address _____

User Name/Login _____

Password _____

New Password _____

Newer Password _____

Newest Password _____

Notes _____

_____

C

Name _____

Web Address _____

User Name/Login _____

Password _____

New Password _____

Newer Password _____

Newest Password _____

Notes _____

_____

Name _____

Web Address _____

User Name/Login _____

Password _____

New Password _____

Newer Password _____

Newest Password _____

Notes _____

_____

Name _____

Web Address _____

User Name/Login _____

Password _____

New Password _____

Newer Password _____

Newest Password _____

Notes _____

_____

Name _____

Web Address _____

User Name/Login _____

Password _____

New Password _____

Newer Password _____

Newest Password _____

Notes _____

D _____

Name _____

Web Address _____

User Name/Login _____

Password _____

New Password _____

Newer Password _____

Newest Password _____

Notes _____

_____

Name _____

Web Address _____

User Name/Login _____

Password _____

New Password _____

Newer Password _____

Newest Password _____

Notes _____

_____

REMEMBER

Name _____

Web Address _____

User Name/Login _____

Password _____

New Password _____

Newer Password _____

Newest Password _____

Notes _____

_____

D

Name _____

Web Address _____

User Name/Login _____

Password _____

New Password _____

Newer Password _____

Newest Password _____

Notes _____

_____

Name _____

Web Address _____

User Name/Login _____

Password _____

New Password _____

Newer Password _____

Newest Password _____

Notes _____

_____

D

Name _____

Web Address _____

User Name/Login _____

Password _____

New Password _____

Newer Password _____

Newest Password _____

Notes _____

_____

Name _____

Web Address _____

User Name/Login _____

Password _____

New Password _____

Newer Password _____

Newest Password _____

Notes _____

_____

Name _____

Web Address _____

User Name/Login _____

Password _____

New Password _____

Newer Password _____

Newest Password _____

Notes _____

_____

Name _____

Web Address _____

User Name/Login _____

Password _____

New Password _____

Newer Password _____

Newest Password _____

Notes _____

_____

D

Name _____

Web Address _____

User Name/Login _____

Password _____

New Password _____

Newer Password _____

Newest Password _____

Notes _____

_____

Name _____

Web Address _____

User Name/Login _____

Password _____

New Password _____

Newer Password _____

Newest Password _____

Notes _____

_____

D

Name _____

Web Address _____

User Name/Login _____

Password _____

New Password _____

Newer Password _____

Newest Password _____

Notes _____

_____

Name _____

Web Address _____

User Name/Login _____

Password _____

New Password _____

Newer Password _____

Newest Password _____

Notes _____

_____

Name _____

Web Address _____

User Name/Login _____

Password _____

New Password _____

Newer Password _____

Newest Password _____

Notes _____

_____

Name _____

Web Address _____

User Name/Login _____

Password _____

New Password _____

Newer Password _____

Newest Password _____

Notes _____

_____

Name _____

Web Address _____

User Name/Login _____

E

Password _____

New Password _____

Newer Password _____

Newest Password _____

Notes _____

_____

Name _____

Web Address _____

User Name/Login _____

Password _____

New Password _____

Newer Password _____

Newest Password _____

Notes _____

_____

Name _____

Web Address _____

User Name/Login _____

Password _____

New Password _____

Newer Password _____

Newest Password _____

Notes _____

_____

Name _____

E *Web Address* _____

User Name/Login _____

Password _____

New Password _____

Newer Password _____

Newest Password _____

Notes _____

_____

Name _____

Web Address _____

User Name/Login _____

Password _____

New Password _____

Newer Password _____

Newest Password _____

Notes _____

_____

Name _____

Web Address _____

User Name/Login _____

Password _____

New Password _____

Newer Password _____

Newest Password _____

Notes _____

_____

Name _____

Web Address _____

User Name/Login _____

E

Password _____

New Password _____

Newer Password _____

Newest Password _____

Notes _____

_____

Name _____

Web Address _____

User Name/Login _____

Password _____

New Password _____

Newer Password _____

Newest Password _____

Notes _____

_____

REMEMBER

E

Name _____

Web Address _____

User Name/Login _____

Password _____

New Password _____

Newer Password _____

Newest Password _____

Notes _____

_____

Name _____

Web Address _____

User Name/Login _____

Password _____

New Password _____

Newer Password _____

Newest Password _____

Notes _____

_____

Name _____

Web Address _____

User Name/Login _____

Password _____

New Password _____

Newer Password _____

Newest Password _____

Notes _____

_____

Name _____

Web Address _____

User Name/Login _____

Password _____

New Password _____

Newer Password _____

Newest Password _____

Notes _____

_____

Name _____

Web Address _____

User Name/Login _____

Password

New Password _____

Newer Password _____

Newest Password _____

Notes _____

_____

Name _____

Web Address _____

User Name/Login _____

Password _____

New Password _____

Newer Password _____

Newest Password _____

Notes _____

_____

E

Name _____

Web Address _____

User Name/Login _____

Password _____

New Password _____

Newer Password _____

Newest Password _____

Notes _____

_____

Name _____

Web Address _____

User Name/Login _____

Password _____

F *New Password* _____

Newer Password _____

Newest Password _____

Notes _____

_____

Name _____

Web Address _____

User Name/Login _____

Password _____

New Password _____

Newer Password _____

Newest Password _____

Notes _____

_____

Name _____

Web Address _____

User Name/Login _____

Password _____

New Password _____

Newer Password _____

Newest Password _____

Notes _____

_____

Name _____

Web Address _____

User Name/Login _____

Password _____

New Password _____

Newer Password _____

Newest Password _____

Notes _____

_____

F

Name _____

Web Address _____

User Name/Login _____

Password _____

New Password _____

Newer Password _____

Newest Password _____

Notes _____

_____

Name _____

Web Address _____

User Name/Login _____

Password _____

New Password _____

Newer Password _____

Newest Password _____

Notes _____

_____

Name _____

Web Address _____

User Name/Login _____

Password _____

F *New Password* _____

Newer Password _____

Newest Password _____

Notes _____

_____

Name _____

Web Address _____

User Name/Login _____

Password _____

New Password _____

Newer Password _____

Newest Password _____

Notes _____

_____

Name _____

Web Address _____

User Name/Login _____

Password _____

New Password _____

Newer Password _____

Newest Password _____

Notes _____

_____

Name _____

Web Address _____

User Name/Login _____

Password _____

New Password _____

Newer Password _____

Newest Password _____

Notes _____

F

_____

Name _____

Web Address _____

User Name/Login _____

Password _____

New Password _____

Newer Password _____

Newest Password _____

Notes _____

_____

Name _____

Web Address _____

User Name/Login _____

Password _____

New Password _____

Newer Password _____

Newest Password _____

Notes _____

_____

Name _____

Web Address _____

User Name/Login _____

Password _____

F New Password _____

Newer Password _____

Newest Password _____

Notes _____

_____

Name _____

Web Address _____

User Name/Login _____

Password _____

New Password _____

Newer Password _____

Newest Password _____

Notes _____

_____

REMEMBER

Name _____

Web Address _____

User Name/Login _____

Password _____

New Password _____

Newer Password _____

Newest Password _____

Notes _____

_____

Name _____

Web Address _____

User Name/Login _____

Password _____

New Password _____

Newer Password _____

Newest Password _____

Notes _____

_____

G

Name _____

Web Address _____

User Name/Login _____

Password _____

New Password _____

Newer Password _____

Newest Password _____

Notes _____

_____

Name _____

Web Address _____

User Name/Login _____

Password _____

New Password _____

Newer Password _____

Newest Password _____

Notes _____

_____

Name _____

Web Address _____

User Name/Login _____

Password _____

New Password _____

Newer Password _____

Newest Password _____

G *Notes* _____

_____

Name _____

Web Address _____

User Name/Login _____

Password _____

New Password _____

Newer Password _____

Newest Password _____

Notes _____

_____

Name _____

Web Address _____

User Name/Login _____

Password _____

New Password _____

Newer Password _____

Newest Password _____

Notes _____

_____

Name _____

Web Address _____

User Name/Login _____

Password _____

New Password _____

Newer Password _____

Newest Password _____

Notes _____

_____

G

Name _____

Web Address _____

User Name/Login _____

Password _____

New Password _____

Newer Password _____

Newest Password _____

Notes _____

_____

REMEMBER

Name _____

Web Address _____

User Name/Login _____

Password _____

New Password _____

Newer Password _____

Newest Password _____

Notes _____

_____

Name _____

Web Address _____

User Name/Login _____

Password _____

New Password _____

Newer Password _____

Newest Password _____

Notes _____

_____

G

Name _____

Web Address _____

User Name/Login _____

Password _____

New Password _____

Newer Password _____

Newest Password _____

Notes _____

_____

REMEMBER

Name _____

Web Address _____

User Name/Login _____

Password _____

New Password _____

Newer Password _____

Newest Password _____

Notes _____

_____

Name _____

Web Address _____

User Name/Login _____

Password _____

New Password _____

Newer Password _____

Newest Password _____

Notes _____

_____

G

Name _____

Web Address _____

User Name/Login _____

Password _____

New Password _____

Newer Password _____

Newest Password _____

Notes _____

_____

Name _____

Web Address _____

User Name/Login _____

Password _____

New Password _____

Newer Password _____

Newest Password _____

Notes _____

_____

Name _____

Web Address _____

User Name/Login _____

Password _____

New Password _____

Newer Password _____

Newest Password _____

Notes _____

_____

H

Name _____

Web Address _____

User Name/Login _____

Password _____

New Password _____

Newer Password _____

Newest Password _____

Notes _____

_____

Name _____

Web Address _____

User Name/Login _____

Password _____

New Password _____

Newer Password _____

Newest Password _____

Notes _____

_____

Name _____

Web Address _____

User Name/Login _____

Password _____

New Password _____

Newer Password _____

Newest Password _____

Notes _____

_____

Name _____

Web Address _____

User Name/Login _____

Password _____

New Password _____

Newer Password _____

Newest Password _____

Notes _____

_____

H

Name _____

Web Address _____

User Name/Login _____

Password _____

New Password _____

Newer Password _____

Newest Password _____

Notes _____

_____

Name _____

Web Address _____

User Name/Login _____

Password _____

New Password _____

Newer Password _____

Newest Password _____

Notes _____

_____

H

Name _____

Web Address _____

User Name/Login _____

Password _____

New Password _____

Newer Password _____

Newest Password _____

Notes _____

_____

Name _____

Web Address _____

User Name/Login _____

Password _____

New Password _____

Newer Password _____

Newest Password _____

Notes _____

_____

Name _____

Web Address _____

User Name/Login _____

Password _____

New Password _____

Newer Password _____

Newest Password _____

Notes _____

_____

Name _____

Web Address _____

User Name/Login _____

Password _____

New Password _____

Newer Password _____

Newest Password _____

Notes _____

_____

H

Name _____

Web Address _____

User Name/Login _____

Password _____

New Password _____

Newer Password _____

Newest Password _____

Notes _____

_____

Name _____

Web Address _____

User Name/Login _____

Password _____

New Password _____

Newer Password _____

Newest Password _____

Notes _____

_____

H

Name _____

Web Address _____

User Name/Login _____

Password _____

New Password _____

Newer Password _____

Newest Password _____

Notes _____

_____

REMEMBER

Name _____

Web Address _____

User Name/Login _____

Password _____

New Password _____

Newer Password _____

Newest Password _____

Notes _____

_____

Name _____

Web Address _____

User Name/Login _____

Password _____

New Password _____

Newer Password _____

Newest Password _____

Notes _____

_____

Name _____

Web Address _____

User Name/Login _____

Password _____

New Password _____

Newer Password _____

Newest Password _____

Notes _____

_____

I

Name _____

Web Address _____

User Name/Login _____

Password _____

New Password _____

Newer Password _____

Newest Password _____

Notes _____

_____

Name _____

Web Address _____

User Name/Login _____

Password _____

New Password _____

Newer Password _____

Newest Password _____

Notes _____

_____

Name _____

Web Address _____

User Name/Login _____

I *Password* _____

New Password _____

Newer Password _____

Newest Password _____

Notes _____

_____

Name _____

Web Address _____

User Name/Login _____

Password _____

New Password _____

Newer Password _____

Newest Password _____

Notes _____

_____

Name _____

Web Address _____

User Name/Login _____

Password _____

New Password _____

Newer Password _____

Newest Password _____

Notes _____

_____

Name _____

Web Address _____

User Name/Login _____

Password _____

New Password _____

Newer Password _____

Newest Password _____

Notes _____

_____

I

Name _____

Web Address _____

User Name/Login _____

Password _____

New Password _____

Newer Password _____

Newest Password _____

Notes _____

_____

Name _____

Web Address _____

User Name/Login _____

Password _____

New Password _____

Newer Password _____

Newest Password _____

Notes _____

_____

Name _____

Web Address _____

User Name/Login _____

Password _____

New Password _____

Newer Password _____

Newest Password _____

Notes _____

_____

I

Name _____

Web Address _____

User Name/Login _____

Password _____

New Password _____

Newer Password _____

Newest Password _____

Notes _____

_____

Name _____

Web Address _____

User Name/Login _____

Password _____

New Password _____

Newer Password _____

Newest Password _____

Notes _____

_____

Name _____

Web Address _____

User Name/Login _____

Password _____

New Password _____

Newer Password _____

Newest Password _____

Notes _____

_____

I

REMEMBER

Name _____

Web Address _____

User Name/Login _____

Password _____

New Password _____

Newer Password _____

Newest Password _____

Notes _____

_____

Name _____

Web Address _____

User Name/Login _____

Password _____

New Password _____

Newer Password _____

Newest Password _____

Notes _____

_____

Name _____

Web Address _____

User Name/Login _____

Password _____

New Password _____

Newer Password _____

Newest Password _____

Notes _____

_____

J

REMEMBER

Name _____

Web Address _____

User Name/Login _____

Password _____

New Password _____

Newer Password _____

Newest Password _____

Notes _____

_____

Name _____

Web Address _____

User Name/Login _____

Password _____

New Password _____

Newer Password _____

Newest Password _____

Notes _____

_____

Name _____

Web Address _____

User Name/Login _____

Password _____

New Password _____

Newer Password _____

Newest Password _____

Notes _____

_____

J

Name _____

Web Address _____

User Name/Login _____

Password _____

New Password _____

Newer Password _____

Newest Password _____

Notes _____

_____

Name _____

Web Address _____

User Name/Login _____

Password _____

New Password _____

Newer Password _____

Newest Password _____

Notes _____

_____

Name _____

Web Address _____

User Name/Login _____

Password _____

New Password _____

Newer Password _____

J *Newest Password* _____

Notes _____

_____

Name _____

Web Address _____

User Name/Login _____

Password _____

New Password _____

Newer Password _____

Newest Password _____

Notes _____

_____

Name _____

Web Address _____

User Name/Login _____

Password _____

New Password _____

Newer Password _____

Newest Password _____

Notes _____

_____

Name _____

Web Address _____

User Name/Login _____

Password _____

New Password _____

Newer Password _____

Newest Password _____

Notes _____

_____

J

REMEMBER

Name _____

Web Address _____

User Name/Login _____

Password _____

New Password _____

Newer Password _____

Newest Password _____

Notes _____

_____

Name _____

Web Address _____

User Name/Login _____

Password _____

New Password _____

Newer Password _____

Newest Password _____

Notes _____

_____

Name _____

Web Address _____

User Name/Login _____

Password _____

New Password _____

Newer Password _____

J Newest Password _____

Notes _____

_____

K

Name _____

Web Address _____

User Name/Login _____

Password _____

New Password _____

Newer Password _____

Newest Password _____

Notes _____

_____

Name _____

Web Address _____

User Name/Login _____

Password _____

New Password _____

Newer Password _____

Newest Password _____

Notes _____

_____

Name _____

Web Address _____

User Name/Login _____

Password _____

New Password _____

Newer Password _____

Newest Password _____

Notes _____

_____

K

Name _____

Web Address _____

User Name/Login _____

Password _____

New Password _____

Newer Password _____

Newest Password _____

Notes _____

_____

Name _____

Web Address _____

User Name/Login _____

Password _____

New Password _____

Newer Password _____

Newest Password _____

Notes _____

_____

Name _____

Web Address _____

User Name/Login _____

Password _____

New Password _____

Newer Password _____

Newest Password _____

Notes _____

_____

REMEMBER

K

Name _____

Web Address _____

User Name/Login _____

Password _____

New Password _____

Newer Password _____

Newest Password _____

Notes _____

_____

Name _____

Web Address _____

User Name/Login _____

Password _____

New Password _____

Newer Password _____

Newest Password _____

Notes _____

_____

Name _____

Web Address _____

User Name/Login _____

Password _____

New Password _____

Newer Password _____

Newest Password _____

Notes _____

_____

K

Name _____

Web Address _____

User Name/Login _____

Password _____

New Password _____

Newer Password _____

Newest Password _____

Notes _____

_____

Name _____

Web Address _____

User Name/Login _____

Password _____

New Password _____

Newer Password _____

Newest Password _____

Notes _____

_____

Name _____

Web Address _____

User Name/Login _____

Password _____

New Password _____

Newer Password _____

Newest Password _____

Notes _____

_____

REMEMBER

K

Name _____

Web Address _____

User Name/Login _____

Password _____

New Password _____

Newer Password _____

Newest Password _____

Notes _____

_____

Name _____

Web Address _____

User Name/Login _____

Password _____

New Password _____

Newer Password _____

Newest Password _____

Notes _____

_____

Name _____

Web Address _____

User Name/Login _____

Password _____

New Password _____

Newer Password _____

Newest Password _____

Notes _____

_____

L

Name _____

Web Address _____

User Name/Login _____

Password _____

New Password _____

Newer Password _____

Newest Password _____

Notes _____

_____

Name _____

Web Address _____

User Name/Login _____

Password _____

New Password _____

Newer Password _____

Newest Password _____

Notes _____

_____

Name _____

Web Address _____

User Name/Login _____

Password _____

New Password _____

Newer Password _____

Newest Password _____

Notes _____

_____

REMEMBER

L

Name _____

Web Address _____

User Name/Login _____

Password _____

New Password _____

Newer Password _____

Newest Password _____

Notes _____

_____

Name _____

Web Address _____

User Name/Login _____

Password _____

New Password _____

Newer Password _____

Newest Password _____

Notes _____

_____

Name _____

Web Address _____

User Name/Login _____

Password _____

New Password _____

Newer Password _____

Newest Password _____

Notes _____

_____

L

Name _____

Web Address _____

User Name/Login _____

Password _____

New Password _____

Newer Password _____

Newest Password _____

Notes _____

_____

Name _____

Web Address _____

User Name/Login _____

Password _____

New Password _____

Newer Password _____

Newest Password _____

Notes _____

_____

Name _____

Web Address _____

User Name/Login _____

Password _____

New Password _____

Newer Password _____

Newest Password _____

Notes _____

_____

Name _____

Web Address _____

User Name/Login _____

L

Password _____

New Password _____

Newer Password _____

Newest Password _____

Notes _____

_____

Name _____

Web Address _____

User Name/Login _____

Password _____

New Password _____

Newer Password _____

Newest Password _____

Notes _____

_____

Name _____

Web Address _____

User Name/Login _____

Password _____

New Password _____

Newer Password _____

Newest Password _____

Notes _____

_____

L

Name _____

Web Address _____

User Name/Login _____

Password _____

New Password _____

Newer Password _____

Newest Password _____

Notes _____

_____

Name _____

Web Address _____

User Name/Login _____

Password _____

New Password _____

Newer Password _____

Newest Password _____

Notes _____

_____

Name _____

Web Address _____

User Name/Login _____

Password _____

New Password _____

Newer Password _____

Newest Password _____

Notes _____

_____

Name _____

Web Address _____

User Name/Login _____

Password _____

New Password _____

Newer Password _____

Newest Password _____

Notes _____

_____

M

Name _____

Web Address _____

User Name/Login _____

Password _____

New Password _____

Newer Password _____

Newest Password _____

Notes _____

_____

Name _____

Web Address _____

User Name/Login _____

Password _____

New Password _____

Newer Password _____

Newest Password _____

Notes _____

_____

M

Name _____

Web Address _____

User Name/Login _____

Password _____

New Password _____

Newer Password _____

Newest Password _____

Notes _____

_____

Name _____

Web Address _____

User Name/Login _____

Password _____

New Password _____

Newer Password _____

Newest Password _____

Notes _____

_____

Name _____

Web Address _____

User Name/Login _____

Password _____

New Password _____

Newer Password _____

Newest Password _____

Notes _____

_____

M

Name _____

Web Address _____

User Name/Login _____

Password _____

New Password _____

Newer Password _____

Newest Password _____

Notes _____

_____

Name _____

Web Address _____

User Name/Login _____

Password _____

New Password _____

Newer Password _____

Newest Password _____

Notes _____

_____

Name _____

Web Address _____

User Name/Login _____

Password _____

New Password _____

Newer Password _____

Newest Password _____

Notes _____

_____

M

Name _____

Web Address _____

User Name/Login _____

Password _____

New Password _____

Newer Password _____

Newest Password _____

Notes _____

_____

Name _____

Web Address _____

User Name/Login _____

Password _____

New Password _____

Newer Password _____

Newest Password _____

Notes _____

_____

Name _____

Web Address _____

User Name/Login _____

Password _____

New Password _____

Newer Password _____

Newest Password _____

Notes _____

_____

Name _____

Web Address _____

User Name/Login _____

Password _____

New Password _____

Newer Password _____   **M**

Newest Password _____

Notes _____

_____

Name _____

Web Address _____

User Name/Login _____

Password _____

New Password _____

Newer Password _____

Newest Password _____

Notes _____

_____

Name _____

Web Address _____

User Name/Login _____

Password _____

New Password _____

Newer Password _____

Newest Password _____

Notes _____

_____

Name _____

Web Address _____

User Name/Login _____

Password _____

New Password _____

Newer Password _____

Newest Password _____

N *Notes* _____

_____

Name _____

Web Address _____

User Name/Login _____

Password _____

New Password _____

Newer Password _____

Newest Password _____

Notes _____

_____

Name _____

Web Address _____

User Name/Login _____

Password _____

New Password _____

Newer Password _____

Newest Password _____

Notes _____

_____

Name _____

Web Address _____

User Name/Login _____

Password _____

New Password _____

Newer Password _____

Newest Password _____

Notes _____

_____

N

Name _____

Web Address _____

User Name/Login _____

Password _____

New Password _____

Newer Password _____

Newest Password _____

Notes _____

_____

Name _____

Web Address _____

User Name/Login _____

Password _____

New Password _____

Newer Password _____

Newest Password _____

Notes _____

_____

N

Name _____

Web Address _____

User Name/Login _____

Password _____

New Password _____

Newer Password _____

Newest Password _____

Notes _____

_____

Name _____

Web Address _____

User Name/Login _____

Password _____

New Password _____

Newer Password _____

Newest Password _____

Notes _____

_____

Name _____

Web Address _____

User Name/Login _____

Password _____

New Password _____

Newer Password _____

Newest Password _____

Notes _____

_____

N

Name _____

Web Address _____

User Name/Login _____

Password _____

New Password _____

Newer Password _____

Newest Password _____

Notes _____

_____

Name _____

Web Address _____

User Name/Login _____

Password _____

New Password _____

Newer Password _____

Newest Password _____

Notes _____

_____

Name _____

Web Address _____

User Name/Login _____

Password _____

New Password _____

Newer Password _____

Newest Password _____

Notes _____

_____

REMEMBER

N

Name _____

Web Address _____

User Name/Login _____

Password _____

New Password _____

Newer Password _____

Newest Password _____

Notes _____

_____

Name _____

Web Address _____

User Name/Login _____

Password _____

New Password _____

Newer Password _____

Newest Password _____

Notes _____

_____

Name _____

Web Address _____

User Name/Login _____

Password _____

New Password _____

Newer Password _____

Newest Password _____

Notes _____

_____

Name _____

Web Address _____

User Name/Login _____

Password _____

New Password _____

Newer Password _____

Newest Password _____

Notes _____

_____

Name _____

Web Address _____

User Name/Login _____

Password _____

New Password _____

Newer Password _____

Newest Password _____

Notes _____

_____

Name _____

Web Address _____

User Name/Login _____

Password _____

New Password _____

Newer Password _____

Newest Password _____

Notes _____

_____

O

Name _____

Web Address _____

User Name/Login _____

Password _____

New Password _____

Newer Password _____

Newest Password _____

Notes _____

_____

O
Name _____

Web Address _____

User Name/Login _____

Password _____

New Password _____

Newer Password _____

Newest Password _____

Notes _____

_____

Name _____

Web Address _____

User Name/Login _____

Password _____

New Password _____

Newer Password _____

Newest Password _____

Notes _____

_____

Name _____

Web Address _____

User Name/Login _____

Password _____

New Password _____

Newer Password _____

Newest Password _____

Notes _____

_____

Name _____

Web Address _____

User Name/Login _____

Password _____

New Password _____

Newer Password _____

Newest Password _____

Notes _____

O

_____

Name _____

Web Address _____

User Name/Login _____

Password _____

New Password _____

Newer Password _____

Newest Password _____

Notes _____

_____

Name _____

Web Address _____

User Name/Login _____

Password _____

New Password _____

Newer Password _____

Newest Password _____

Notes _____

_____

Name _____

O Web Address _____

User Name/Login _____

Password _____

New Password _____

Newer Password _____

Newest Password _____

Notes _____

_____

Name _____

Web Address _____

User Name/Login _____

Password _____

New Password _____

Newer Password _____

Newest Password _____

Notes _____

_____

Name _____

Web Address _____

User Name/Login _____

Password _____

New Password _____

Newer Password _____

Newest Password _____

Notes _____

_____

Name _____

Web Address _____

User Name/Login _____

Password _____

New Password _____

Newer Password _____

Newest Password _____

Notes _____

_____

O

Name _____

Web Address _____

User Name/Login _____

Password _____

New Password _____

Newer Password _____

Newest Password _____

Notes _____

_____

Name _____

Web Address _____

User Name/Login _____

Password _____

New Password _____

Newer Password _____

Newest Password _____

Notes _____

_____

Name _____

Web Address _____

User Name/Login _____

P *Password* _____

New Password _____

Newer Password _____

Newest Password _____

Notes _____

_____

Name _____

Web Address _____

User Name/Login _____

Password _____

New Password _____

Newer Password _____

Newest Password _____

Notes _____

_____

Name _____

Web Address _____

User Name/Login _____

Password _____

New Password _____

Newer Password _____

Newest Password _____

Notes _____

_____

Name _____

Web Address _____

User Name/Login _____

Password _____

New Password _____

Newer Password _____

Newest Password _____

Notes _____

_____

P

Name _____

Web Address _____

User Name/Login _____

Password _____

New Password _____

Newer Password _____

Newest Password _____

Notes _____

_____

Name _____

Web Address _____

User Name/Login _____

Password _____

New Password _____

Newer Password _____

Newest Password _____

Notes _____

_____

Name _____

Web Address _____

User Name/Login _____

P *Password* _____

New Password _____

Newer Password _____

Newest Password _____

Notes _____

_____

Name _____

Web Address _____

User Name/Login _____

Password _____

New Password _____

Newer Password _____

Newest Password _____

Notes _____

_____

Name _____

Web Address _____

User Name/Login _____

Password _____

New Password _____

Newer Password _____

Newest Password _____

Notes _____

_____

Name _____

Web Address _____

User Name/Login _____

Password _____

New Password _____

Newer Password _____

Newest Password _____

Notes _____

P

_____

Name _____

Web Address _____

User Name/Login _____

Password _____

New Password _____

Newer Password _____

Newest Password _____

Notes _____

_____

Name _____

Web Address _____

User Name/Login _____

Password _____

New Password _____

Newer Password _____

Newest Password _____

Notes _____

_____

Name _____

Web Address _____

User Name/Login _____

P *Password* _____

New Password _____

Newer Password _____

Newest Password _____

Notes _____

_____

Name _____

Web Address _____

User Name/Login _____

Password _____

New Password _____

Newer Password _____

Newest Password _____

Notes _____

_____

Name _____

Web Address _____

User Name/Login _____

Password _____

New Password _____

Newer Password _____

Newest Password _____

Notes _____

_____

Name _____

Web Address _____

User Name/Login _____

Password _____

New Password _____

Newer Password _____

Newest Password _____

Notes _____

_____

Q

Name _____

Web Address _____

User Name/Login _____

Password _____

New Password _____

Newer Password _____

Newest Password _____

Notes _____

_____

Name _____

Web Address _____

User Name/Login _____

Password _____

New Password _____

Newer Password _____

Newest Password _____

Notes _____

_____

Name _____

Web Address _____

User Name/Login _____

Password _____

New Password _____

Newer Password _____

Newest Password _____

Notes _____

_____

Name _____

Web Address _____

User Name/Login _____

Password _____

New Password _____

Newer Password _____

Newest Password _____

Notes _____

_____

Q

REMEMBER

Name _____

Web Address _____

User Name/Login _____

Password _____

New Password _____

Newer Password _____

Newest Password _____

Notes _____

_____

Name _____

Web Address _____

User Name/Login _____

Password _____

New Password _____

Newer Password _____

Newest Password _____

Notes _____

_____

R

Name _____

Web Address _____

User Name/Login _____

Password _____

New Password _____

Newer Password _____

Newest Password _____

Notes _____

_____

Name _____

Web Address _____

User Name/Login _____

Password _____

New Password _____

Newer Password _____

Newest Password _____

Notes _____

_____

Name _____

Web Address _____

User Name/Login _____

Password _____

New Password _____

Newer Password _____

Newest Password _____

Notes _____

R _____

Name _____

Web Address _____

User Name/Login _____

Password _____

New Password _____

Newer Password _____

Newest Password _____

Notes _____

_____

Name _____

Web Address _____

User Name/Login _____

Password _____

New Password _____

Newer Password _____

Newest Password _____

Notes _____

_____

Name _____

Web Address _____

User Name/Login _____

Password _____

New Password _____

Newer Password _____

Newest Password _____

Notes _____

_____

R

Name _____

Web Address _____

User Name/Login _____

Password _____

New Password _____

Newer Password _____

Newest Password _____

Notes _____

_____

Name _____

Web Address _____

User Name/Login _____

Password _____

New Password _____

Newer Password _____

Newest Password _____

Notes _____

_____

Name _____

Web Address _____

User Name/Login _____

Password _____

New Password _____

Newer Password _____

Newest Password _____

Notes _____

_____

R

Name _____

Web Address _____

User Name/Login _____

Password _____

New Password _____

Newer Password _____

Newest Password _____

Notes _____

_____

Name _____

Web Address _____

User Name/Login _____

Password _____

New Password _____

Newer Password _____

Newest Password _____

Notes _____

_____

Name _____

Web Address _____

User Name/Login _____

Password _____

New Password _____

Newer Password _____

Newest Password _____

Notes _____

_____

R

Name _____

Web Address _____

User Name/Login _____

Password _____

New Password _____

Newer Password _____

Newest Password _____

Notes _____

_____

REMEMBER

Name _____

Web Address _____

User Name/Login _____

Password _____

New Password _____

Newer Password _____

Newest Password _____

Notes _____

_____

Name _____

Web Address _____

User Name/Login _____

Password _____

New Password _____

Newer Password _____

Newest Password _____

Notes _____

_____

Name _____

S *Web Address* _____

User Name/Login _____

Password _____

New Password _____

Newer Password _____

Newest Password _____

Notes _____

_____

Name _____

Web Address _____

User Name/Login _____

Password _____

New Password _____

Newer Password _____

Newest Password _____

Notes _____

_____

Name _____

Web Address _____

User Name/Login _____

Password _____

New Password _____

Newer Password _____

Newest Password _____

Notes _____

_____

Name _____

Web Address _____

User Name/Login _____

Password _____

New Password _____

Newer Password _____

Newest Password _____

Notes _____

_____

S

REMEMBER

Name _____

Web Address _____

User Name/Login _____

Password _____

New Password _____

Newer Password _____

Newest Password _____

Notes _____

_____

Name _____

Web Address _____

User Name/Login _____

Password _____

New Password _____

Newer Password _____

Newest Password _____

Notes _____

_____

Name _____

Web Address _____

S *User Name/Login* _____

Password _____

New Password _____

Newer Password _____

Newest Password _____

Notes _____

_____

Name _____

Web Address _____

User Name/Login _____

Password _____

New Password _____

Newer Password _____

Newest Password _____

Notes _____

_____

Name _____

Web Address _____

User Name/Login _____

Password _____

New Password _____

Newer Password _____

Newest Password _____

Notes _____

_____

Name _____

Web Address _____

User Name/Login _____

Password _____

New Password _____

Newer Password _____

Newest Password _____

Notes _____

_____

S

Name _____

Web Address _____

User Name/Login _____

Password _____

New Password _____

Newer Password _____

Newest Password _____

Notes _____

_____

Name _____

Web Address _____

User Name/Login _____

Password _____

New Password _____

Newer Password _____

Newest Password _____

Notes _____

_____

Name _____

S *Web Address* _____

User Name/Login _____

Password _____

New Password _____

Newer Password _____

Newest Password _____

Notes _____

_____

Name _____

Web Address _____

User Name/Login _____

Password _____

New Password _____

Newer Password _____

Newest Password _____

Notes _____

_____

Name _____

Web Address _____

User Name/Login _____

Password _____

New Password _____

Newer Password _____

Newest Password _____

Notes _____

_____

Name _____

Web Address _____

User Name/Login _____

Password _____

New Password _____

Newer Password _____

Newest Password _____

Notes _____

_____

S

Name _____

Web Address _____

User Name/Login _____

Password _____

New Password _____

Newer Password _____

Newest Password _____

Notes _____

_____

Name _____

Web Address _____

User Name/Login _____

Password _____

New Password _____

Newer Password _____

Newest Password _____

Notes _____

_____

Name _____

S *Web Address* _____

User Name/Login _____

Password _____

New Password _____

Newer Password _____

Newest Password _____

Notes _____

_____

Name _____

Web Address _____

User Name/Login _____

Password _____

New Password _____

Newer Password _____

Newest Password _____

Notes _____

_____

Name _____

Web Address _____

User Name/Login _____

Password _____

New Password _____

Newer Password _____

Newest Password _____

Notes _____

_____

Name _____

Web Address _____

User Name/Login _____

Password _____

New Password _____

Newer Password _____

Newest Password _____

Notes _____

_____

S

REMEMBER

Name _____

Web Address _____

User Name/Login _____

Password _____

New Password _____

Newer Password _____

Newest Password _____

Notes _____

_____

Name _____

Web Address _____

User Name/Login _____

Password _____

New Password _____

Newer Password _____

Newest Password _____

Notes _____

_____

Name _____

Web Address _____

User Name/Login _____

T *Password* _____

New Password _____

Newer Password _____

Newest Password _____

Notes _____

_____

Name _____

Web Address _____

User Name/Login _____

Password _____

New Password _____

Newer Password _____

Newest Password _____

Notes _____

_____

Name _____

Web Address _____

User Name/Login _____

Password _____

New Password _____

Newer Password _____

Newest Password _____

Notes _____

_____

Name _____

Web Address _____

User Name/Login _____

Password _____

New Password _____

Newer Password _____

Newest Password _____

Notes _____

_____

T

Name _____

Web Address _____

User Name/Login _____

Password _____

New Password _____

Newer Password _____

Newest Password _____

Notes _____

_____

Name _____

Web Address _____

User Name/Login _____

Password _____

New Password _____

Newer Password _____

Newest Password _____

Notes _____

_____

Name _____

Web Address _____

User Name/Login _____

T *Password* _____

New Password _____

Newer Password _____

Newest Password _____

Notes _____

_____

Name _____

Web Address _____

User Name/Login _____

Password _____

New Password _____

Newer Password _____

Newest Password _____

Notes _____

_____

Name _____

Web Address _____

User Name/Login _____

Password _____

New Password _____

Newer Password _____

Newest Password _____

Notes _____

_____

Name _____

Web Address _____

User Name/Login _____

Password _____

New Password _____

Newer Password _____

Newest Password _____

Notes _____

_____

T

REMEMBER

Name _____

Web Address _____

User Name/Login _____

Password _____

New Password _____

Newer Password _____

Newest Password _____

Notes _____

_____

Name _____

Web Address _____

User Name/Login _____

Password _____

New Password _____

Newer Password _____

Newest Password _____

Notes _____

_____

Name _____

Web Address _____

User Name/Login _____

T *Password* _____

New Password _____

Newer Password _____

Newest Password _____

Notes _____

_____

Name _____

Web Address _____

User Name/Login _____

Password _____

New Password _____

Newer Password _____

Newest Password _____

Notes _____

_____

Name _____

Web Address _____

User Name/Login _____

Password _____

New Password _____

Newer Password _____

Newest Password _____

Notes _____

_____

Name _____

Web Address _____

User Name/Login _____

Password _____

New Password _____

Newer Password _____

Newest Password _____

Notes _____

_____

T

REMEMBER

Name _____

Web Address _____

User Name/Login _____

Password _____

New Password _____

Newer Password _____

Newest Password _____

Notes _____

_____

Name _____

Web Address _____

User Name/Login _____

Password _____

New Password _____

Newer Password _____

Newest Password _____

Notes _____

_____

Name _____

Web Address _____

User Name/Login _____

T *Password* _____

New Password _____

Newer Password _____

Newest Password _____

Notes _____

_____

REMEMBER

Name _____

Web Address _____

User Name/Login _____

Password _____

New Password _____

Newer Password _____

Newest Password _____

Notes _____

_____

Name _____

Web Address _____

User Name/Login _____

Password _____

New Password _____

Newer Password _____

Newest Password _____

Notes _____

_____

Name _____

Web Address _____

User Name/Login _____

Password _____

New Password _____

Newer Password _____

Newest Password _____

Notes _____

_____

U

Name _____

Web Address _____

User Name/Login _____

Password _____

New Password _____

Newer Password _____

Newest Password _____

Notes _____

_____

Name _____

Web Address _____

User Name/Login _____

Password _____

New Password _____

Newer Password _____

Newest Password _____

Notes _____

_____

Name _____

Web Address _____

User Name/Login _____

Password _____

New Password _____

Newer Password _____

U *Newest Password* _____

Notes _____

_____

Name _____

Web Address _____

User Name/Login _____

Password _____

New Password _____

Newer Password _____

Newest Password _____

Notes _____

_____

Name _____

Web Address _____

User Name/Login _____

Password _____

New Password _____

Newer Password _____

Newest Password _____

Notes _____

_____

Name _____

Web Address _____

User Name/Login _____

Password _____

New Password _____

Newer Password _____

Newest Password _____

Notes _____

_____

U

REMEMBER

Name _____

Web Address _____

User Name/Login _____

Password _____

New Password _____

Newer Password _____

Newest Password _____

Notes _____

_____

Name _____

Web Address _____

User Name/Login _____

Password _____

New Password _____

Newer Password _____

Newest Password _____

Notes _____

_____

Name _____

Web Address _____

User Name/Login _____

Password _____

New Password _____

Newer Password _____

U *Newest Password* _____

Notes _____

_____

REMEMBER

Name _____

Web Address _____

User Name/Login _____

Password _____

New Password _____

Newer Password _____

Newest Password _____

Notes _____

_____

Name _____

Web Address _____

User Name/Login _____

Password _____

New Password _____

Newer Password _____

Newest Password _____

Notes _____

_____

Name _____

Web Address _____

User Name/Login _____

Password _____

New Password _____

Newer Password _____

Newest Password _____

U

Notes _____

_____

V

Name _____

Web Address _____

User Name/Login _____

Password _____

New Password _____

Newer Password _____

Newest Password _____

Notes _____

_____

Name _____

Web Address _____

User Name/Login _____

Password _____

New Password _____

Newer Password _____

Newest Password _____

Notes _____

_____

Name _____

Web Address _____

User Name/Login _____

Password _____

New Password _____

Newer Password _____

Newest Password _____

Notes _____

_____

Name _____

Web Address _____

User Name/Login _____

Password _____

New Password _____

Newer Password _____

Newest Password _____

Notes _____

_____

Name _____

Web Address _____

User Name/Login _____

Password _____

New Password _____

Newer Password _____

Newest Password _____

Notes _____

_____

Name _____

Web Address _____

User Name/Login _____

Password _____

New Password _____

Newer Password _____

Newest Password _____

Notes _____

_____

V

Name _____

Web Address _____

User Name/Login _____

Password _____

New Password _____

Newer Password _____

Newest Password _____

Notes _____

_____

Name _____

Web Address _____

User Name/Login _____

Password _____

New Password _____

Newer Password _____

Newest Password _____

Notes _____

_____

Name _____

Web Address _____

User Name/Login _____

Password _____

New Password _____

Newer Password _____

Newest Password _____

Notes _____

_____

V

Name _____

Web Address _____

User Name/Login _____

Password _____

New Password _____

Newer Password _____

Newest Password _____

Notes _____

_____

Name _____

Web Address _____

User Name/Login _____

Password _____

New Password _____

Newer Password _____

Newest Password _____

Notes _____

_____

Name _____

Web Address _____

User Name/Login _____

Password _____

New Password _____

Newer Password _____

Newest Password _____

Notes _____

_____

V

Name _____

Web Address _____

User Name/Login _____

Password _____

New Password _____

Newer Password _____

Newest Password _____

Notes _____

_____

Name _____

Web Address _____

User Name/Login _____

Password _____

New Password _____

Newer Password _____

Newest Password _____

Notes _____

_____

Name _____

Web Address _____

User Name/Login _____

Password _____

New Password _____

Newer Password _____

Newest Password _____

Notes _____

_____

Name _____

Web Address _____

User Name/Login _____

Password _____

New Password _____

Newer Password _____

Newest Password _____

Notes _____

_____

Name _____

Web Address _____

User Name/Login _____

Password _____

New Password _____

Newer Password _____

Newest Password _____

Notes _____

_____

Name _____

Web Address _____

User Name/Login _____

Password _____

New Password _____

Newer Password _____

Newest Password _____

Notes _____

_____

W

Name _____

Web Address _____

User Name/Login _____

Password _____

New Password _____

Newer Password _____

Newest Password _____

Notes _____

_____

Name _____

Web Address _____

User Name/Login _____

Password _____

New Password _____

Newer Password _____

Newest Password _____

Notes _____

_____

Name _____

Web Address _____

User Name/Login _____

Password _____

New Password _____

Newer Password _____

Newest Password _____

Notes _____

_____

Name _____

Web Address _____

User Name/Login _____

Password _____

New Password _____

Newer Password _____

Newest Password _____

Notes _____

_____

Name _____

Web Address _____

User Name/Login _____

Password

New Password _____

Newer Password _____

Newest Password _____

Notes _____

_____

Name _____

Web Address _____

User Name/Login _____

Password _____

New Password _____

Newer Password _____

Newest Password _____

Notes _____

_____

W

Name _____

Web Address _____

User Name/Login _____

Password _____

New Password _____

Newer Password _____

Newest Password _____

Notes _____

_____

Name _____

Web Address _____

User Name/Login _____

Password _____

New Password _____

Newer Password _____

Newest Password _____

Notes _____

_____

Name _____

Web Address _____

User Name/Login _____

Password _____

New Password _____

Newer Password _____

Newest Password _____

Notes _____

_____

W

Name _____

Web Address _____

User Name/Login _____

Password _____

New Password _____

Newer Password _____

Newest Password _____

Notes _____

_____

Name _____

Web Address _____

User Name/Login _____

Password _____

New Password _____

Newer Password _____

Newest Password _____

Notes _____

_____

Name _____

Web Address _____

User Name/Login _____

Password _____

New Password _____

Newer Password _____

Newest Password _____

Notes _____

_____

X

Name _____

Web Address _____

User Name/Login _____

Password _____

New Password _____

Newer Password _____

Newest Password _____

Notes _____

_____

Name _____

Web Address _____

User Name/Login _____

Password _____

New Password _____

Newer Password _____

Newest Password _____

Notes _____

_____

Name _____

Web Address _____

User Name/Login _____

Password _____

New Password _____

Newer Password _____

Newest Password _____

Notes _____

_____

Name _____

Web Address _____

User Name/Login _____

Password _____

New Password _____

Newer Password _____

Newest Password _____

Notes _____

_____

Name _____

Web Address _____

User Name/Login _____

Password _____

New Password _____

Newer Password _____

Newest Password _____

Notes _____

_____

Name _____

Web Address _____

User Name/Login _____

Password _____

New Password _____

Newer Password _____

Newest Password _____

Notes _____

_____

X

Name _____

Web Address _____

User Name/Login _____

Password _____

New Password _____

Newer Password _____

Newest Password _____

Notes _____

_____

Name _____

Web Address _____

User Name/Login _____

Password _____

New Password _____

Newer Password _____

Newest Password _____

Notes _____

_____

Name _____

Web Address _____

User Name/Login _____

Password _____

New Password _____

Newer Password _____

Newest Password _____

Notes _____

_____

Name _____

Web Address _____

User Name/Login _____

Password _____

New Password _____

Newer Password _____

Newest Password _____

Notes _____

_____

Y

Name _____

Web Address _____

User Name/Login _____

Password

New Password _____

Newer Password _____

Newest Password _____

Notes _____

_____

Name _____

Web Address _____

User Name/Login _____

Password _____

New Password _____

Newer Password _____

Newest Password _____

Notes _____

_____

Y

Name _____

Web Address _____

User Name/Login _____

Password _____

New Password _____

Newer Password _____

Newest Password _____

Notes _____

_____

Name _____

Web Address _____

User Name/Login _____

Password _____

New Password _____

Newer Password _____

Newest Password _____

Notes _____

_____

Name _____

Web Address _____

User Name/Login _____

Password _____

New Password _____

Newer Password _____

Newest Password _____

Notes _____

_____

Name _____

Web Address _____

User Name/Login _____

Password _____

New Password _____

Newer Password _____

Newest Password _____

Notes _____

_____

Name _____

Web Address _____

User Name/Login _____

Password _____

New Password _____

Newer Password _____

Newest Password _____

Notes _____

_____

Name _____

Web Address _____

User Name/Login _____

Password _____

New Password _____

Newer Password _____

Newest Password _____

Notes _____

_____

Y

Y

Name _____

Web Address _____

User Name/Login _____

Password _____

New Password _____

Newer Password _____

Newest Password _____

Notes _____

_____

Name _____

Web Address _____

User Name/Login _____

Password _____

New Password _____

Newer Password _____

Newest Password _____

Notes _____

_____

Name _____

Web Address _____

User Name/Login _____

Password _____

New Password _____

Newer Password _____

Newest Password _____

Notes _____

_____

Name _____

Web Address _____

User Name/Login _____

Password _____

New Password _____

Newer Password _____

Newest Password _____

Notes _____

_____

Name _____

Web Address _____

User Name/Login _____

Password _____

New Password _____

Newer Password _____

Newest Password _____

Notes _____

_____

Name _____

Web Address _____

User Name/Login _____

Password _____

New Password _____

Newer Password _____

Newest Password _____

Notes _____

_____

Name _____

Web Address _____

User Name/Login _____

Password _____

New Password _____

Newer Password _____

Newest Password _____

Notes _____

Z

_____

Name _____

Web Address _____

User Name/Login _____

Password _____

New Password _____

Newer Password _____

Newest Password _____

Notes _____

_____

Name _____

Web Address _____

User Name/Login _____

Password _____

New Password _____

Newer Password _____

Newest Password _____

Notes _____

_____

Name _____

Web Address _____

User Name/Login _____

Password _____

New Password _____

Newer Password _____

Newest Password _____

Notes _____

_____

Z

Name _____

Web Address _____

User Name/Login _____

Password _____

New Password _____

Newer Password _____

Newest Password _____

Notes _____

_____

Name _____

Web Address _____

User Name/Login _____

Password _____

New Password _____

Newer Password _____

Newest Password _____

Notes _____

_____

E
x
t
r
a

Name _____

Web Address _____

User Name/Login _____

Password _____

New Password _____

Newer Password _____

Newest Password _____

Notes _____
_____

Name _____

Web Address _____

User Name/Login _____

Password _____

New Password _____

Newer Password _____

Newest Password _____

Notes _____
_____

Name _____

Web Address _____

User Name/Login _____

Password _____

New Password _____

Newer Password _____

Newest Password _____

Notes _____
_____

REMEMBER

E

Name _____

Web Address _____

User Name/Login _____

Password _____

New Password _____

Newer Password _____

Newest Password _____

Notes _____

_____

x

Name _____

Web Address _____

User Name/Login _____

Password _____

New Password _____

Newer Password _____

Newest Password _____

Notes _____

_____

t

r

Name _____

Web Address _____

User Name/Login _____

Password _____

New Password _____

Newer Password _____

Newest Password _____

Notes _____

_____

a

Notes

REMEMBER

N
o
t
e
s

N
o
t
e
s

REMEMBER

N
o
t
e
s

N
o
t
e
s

REMEMBER

Notes

REMEMBER

www.ingramcontent.com/pod-product-compliance
Lightning Source LLC
Chambersburg PA
CBHW071251050326
40690CB00011B/2351